AF243449

LA QUESTION ALGÉRIENNE

LES FAUTES

DE.

Monsieur le Gouverneur Général Laferrière

PAR

E. NICAISE

Ingénieur civil

Ancien Directeur de « La Lanterne Algérienne »

Prix : 20 Centimes

En vente : chez l'auteur, 10, Boulevard Gambetta, ALGER

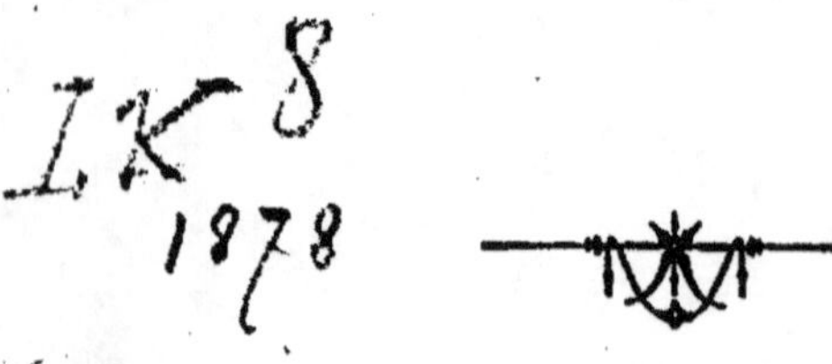

apha. — Imprimerie MACON, 60, Rue Sadi-Carnot, 60

—

1899

LA QUESTION ALGÉRIENNE

Les Fautes de M. le Gouverneur Général Laferrière

AVANT - PROPOS

Des faits d'une gravité exceptionnelle viennent de se passer à Alger, il faut en déduire les conséquences, pour l'histoire et pour l'avenir du pays.

Max Régis débarqué à Alger le 17 septembre a, dans la soirée du 20 provoqué à la révolte. Une centaine de voyous soudoyés, qui forment son entourage habituel, ont essayé de soulever la population non pas contre le Gouverneur, mais contre le Gouvernement. Son mouvement a échoué parce que la population saine est républicaine.

La police savait tout ce qui se complotait, elle connaissait le plan des conjurés, malgré cela, elle a laissé une poignée d'énergumènes troubler l'ordre d'une ville de cent mille âmes, puis, lorsqu'elle a été bien convaincue que le mouvement était avorté, elle a favorisé la fuite de l'auteur principal, par crainte des révélations.

Certaines personnes à courtes vues peuvent trouver très intelligente cette façon de faire cesser la rebellion, je trouve que c'est une politique étroite, mesquine, une politique d'autruche qui se cache la tête pour échapper au chasseur.

Régis parti, un autre le remplacera et l'agitation réactionnaire continuera, lui arrêté, c'était le nom des complices livrés, pour s'attirer l'indulgence des justes lois. Voilà pourquoi Régis a fui, avec la complicité des fonctionnaires policiers, judiciaires et administratifs qui craignaient pour eux-mêmes son égoïsme féroce.

Et encore, faut-il être certain que cette fuite n'est pas une fausse sortie. Régis n'a jamais caché le peu de goût qu'il avait pour la prison préventive, ni sa grande confiance dans le Jury Algérien, il laissera instruire son affaire sans lui, se constituera prisonnier 5 jours avant l'audience fixée, sera acquitté et encore une fois, la loi sera bafouée, ridiculisée aux yeux des indigènes qui supportent difficilement notre joug… et aux yeux des étrangers qui sont déjà trop portés à croire que l'Algérie est la terre du bon plaisir et que leur volonté ne peut-être limitée par les lois françaises.

Monsieur le Gouverneur ignore tout, il ne prend pas librement contact avec le public et ses visiteurs sont tous intéressés à lui cacher au moins des lambeaux de vérité. Ses fonctionnaires en qui il a et est obligé d'avoir confiance, le trahissent. Qui donc lui dira la vérité, si ce ne sont ses amis ? Espère-t-on que les antijuifs qui profitent de ses fautes viendront lui ouvrir les yeux ?

Dans une série d'articles publiés par le journal *La Liberté*, en l'absence de son directeur Henry Dupont que je remplaçais, j'ai montré à M. Laferrière, les fautes que son entourage lui faisait commettre. Une véritable levée de boucliers s'est faite contre moi, on m'a prêté de rancunes personnelles à satisfaire, on a prétendu que j'avais cherché à diviser le parti républicain.

Eh bien non, j'ai voulu que les sacrifices des républicains ne soient pas inutiles et comme le véritable ennemi de la République est le cléricalisme, comme le cléricalisme règne en maître dans les bureaux du Gouvernement général, j'ai frappé où ma conscience m'ordonnait de frapper, et j'ai frappé loyalement, en spécifiant mes griefs, en donnant le nom de mes adversaires et en n'agissant pas hypocritement, jésuitiquement comme le journal le *Télégramme*, qui m'injurie pour ma campagne contre le Gouverneur et donne la publicité de ses colonnes à un article de la *Politique Coloniale*, journal inconnu du public algérien, qui est certainement plus sévère que moi dans ses appréciations, qu'on en juge : —

« Faut-il espérer que sa disparition mettra fin à l'agitation
« que sa nouvelle entrée en scène avait motivée ? Il en sera
« ainsi vraisemblablement, si M. Laferrière adopte enfin une
« politique ferme à l'égard du parti dont se recommandait M.
« Max Régis.

« Il a été un peu flottant jusqu'à ce jour, M. Laferrière. Il
« a acheté la paix plus qu'il ne l'a obtenue, par un système
« de complaisances qui ont mécontenté ses véritables amis,
« sans désarmer ses adversaires. Il a réservé toutes les
« faveurs administratives à ceux-là même qu'il redoutait, au
« détriment de ceux qu'il ne redoutait pas. Il peut voir où l'a
« conduit cette politique sans allure et sans franchise.

« Il parait résolu à la modifier. Nous lui souhaitons de
« grand cœur de réussir mieux dans l'avenir par une attitude
« nette, qu'il n'a réussi, dans le passé, par sa versatilité. »

Le *Télégramme* n'attaque pas M. le Gouverneur général, Sainte-Galette l'en préserve, il se borne à reproduire les attaques des autres, qui sans lui seraient restées inconnues du gros public algérien, cela pour se ménager les bonnes grâces du successeur éventuel de M. Laferrière. Oh ! jésuitisme laïque, voilà bien de tes coups.

Puisque la presse algéroise n'est pas libre, puisque ceux qui n'émargent pas à la caisse des jésuites, émargent aux fonds secrets gouvernementaux, je proclamerai la vérité quand même, sans me préoccuper des conséquences que me vaudra ma sincérité.

Puisse ce petit opuscule ouvrir les yeux des républicains, Gouverneur général compris et leur montrer que la seule voie à suivre est celle de la Justice, de la Vérité, de la Sincérité et de la Droiture.

Alger, le 28 septembre 1899.

E. NICAISE.

LA QUESTION ALGÉRIENNE

Les Fautes de M. le Gouverneur Général Laferrière

Certains journaux donnent comme certain le remplacement de Monsieur Laferrière, d'autres au contraire prétendent que sa situation n'a jamais été mieux assise.

Qui a raison ? Qui a tort ? l'avenir nous l'apprendra.

Pour le bien de l'Algérie, il serait à souhaiter que l'hypotèse de son remplacement fut la vraie; non pas que la personnalité de M. Laferrière ne soit sympathique, mais parce que sa politique n'a pas répondu aux besoins du pays et que nous le croyons trop engagé pour en changer.

Les antisémites ne pouvaient être, dans son esprit, que des révoltés, les faits scandaleux qui se sont produits le jour de son arrivée, ne devaient lui laisser aucun doute à cet égard.

Or, c'est sur eux qu'il s'est appuyé pour gouverner, c'est à leur donner des satisfactions qu'il s'est app iqué de toutes ses forces, faisant du rétablissement du calme dans les rues d'Alger le but unique de son gouvernement.

Bien plus préoccupé de rester à son poste que de ramener l'ordre et la prospérité dans le pays, il a trouvé une formule commode :

« Donner par des paroles satisfaction aux républicains, satisfaire par des actes les antisémites ».

Il a pu être de bonne foi, il a pu croire à l'existence d'une opinion publique arrêtée, il a pu vouloir accomoder son gouvernement aux désidérata de cette opinion publique, **Il s'est grossièrement trompé.**

Ce n'est pas d'aujourd'hui que les faits prouvent qu'il n'y a pas d'opinion publique en Algérie, et qu'elle est remplacée par une coalition d'intérêts et d'appétits. Le manque de convictions est presque général et le gouvernement aura toujours la certitude de ruiner un parti politique s'il lui refuse des satisfactions.

Voilà deux années que le trouble règne, non seulement à

Alger, mais dans toute l'Algérie, il faudra dix ans au moins pour regagner la confiance des capitaux qui sont indispensables au développement du pays, alors qu'il était enfantin de réduire ce mouvement.

Dans deux mois, si le Gouvernement **le veut**, on ne trouvera plus personne osant se dire antisémite, Il suffit pour cela de rejeter à priori, toute demande, toute recommandation faites par des élus ou des personnalités se prévalant du titre d'antijuifs.

Nos codes, nos lois, notre constitution ont proclamé la liberté des cultes et l'égalité des citoyens devant la loi. Qu'on le veuille ou non, les juifs sont citoyens français et il est **illégal** à tous les points de vue de leur faire la guerre.

Monsieur Laferrière ne pouvait l'ignorer, étant éminent jurisconsulte, sa nomination avait été accueillie avec enthousiasme par les républicains sincères qui mettent le respect des lois au dessus de l'esprit de parti, leurs espérances ont été déçues, l'ancien vice-président du Conseil d'Etat, devenu Gouverneur général, a foulé aux pieds les principes les plus élémentaires de la légalité, il a créé l'**antisémitisme gouvernemental en Algérie.**

*
* *

On a répété sur tous les tons que la politique ruine l'Algérie, mais ces assertions n'ont pas été suffisamment développées et sont restées à l'état d'affirmations vagues et générales.

Avant d'entrer dans le fonds des critiques de la politique gouvernementale, je vais essayer de démontrer ici comment la politique a une influence directe sur la situation économique du pays — les déductions viendront ensuite d'elles-mêmes.

Les politiciens, à quelque parti qu'ils appartiennent ont comme moyens d'action :

1· l'exploitation des budgets communaux ;

2· celle des budgets départementaux ;

3· les influences personnelles auprès des représentants de l'administration centrale.

Toute la politique algérienne découle de ces 3 ordres de faits, les principes n'ont **jamais** rien à y voir, je le démontrerai plus loin.

Bien que les Préfets soient les tuteurs naturels des communes, leur contrôle est illusoire et la répartition des ressources communales est à peu près laissée à la merci des Conseils municipaux. Grâce au cosmopolitisme de la population, les électeurs représentent une infime minorité ; on peut citer telle commune des environs d'Alger, où la population globale est de près de 3000 habitants et qui ne compte que 33 électeurs.

Conçoit-on immédiatement l'âpreté de la lutte qui va se livrer entre ces 33 privilégiés pour avoir à leur discrétion l'emploie du budget communal.

Le colon qui vit médiocrement en cultivant la concession que le gouvernement lui a octroyée, va se transformer en courtier électoral, en vue d'être garde-champêtre, secrétaire de mairie, cantonnier, ou d'obtenir tout autre emploi rétribué par la commune, il louera sa terre aux arabes et vivra d'autant plus dans l'oisiveté qu'il aura eu une plus grande influence dans les élections.

Ce sont les électeurs de la majorité qui participeront dans la plus large part aux secours accordés par le gouvernement aux victimes de la sécheresse, des inondations, de la grêle, des sauterelles et autres calamités qui abondent malheureusement dans la colonie. On classera et on construira le chemin qui mène à leur concession au détriment de besoins pins urgents. Les intérêts des électeurs qui font partie de la minorité seront sacrifiés si on n'espère pas les ramener, quant aux non électeurs, et principalement les indigènes. ils ne comptent pas.

La division en deux cofs est presque générale dans les communes algériennes, et les principes politiques ou sociaux n'ont rien à y voir. **En général, la majorité espère les faveurs gouvernementales.**

Je ne puis résister au plaisir de conter ici une anecdote qui fera mieux voir, que quoi que ce soit. l'absence d'opinion dans les élections de la colonie. Aux élections municipales de 1892, la commune d'Aïn-Tagrout, dans le département de Constantine, avait changé sa municipalité radicale-socialiste par une municipalité opportuniste. L'élection avait donné 33 voix au parti modéré et 16 à ses adversaires.

En 1893, eurent lieu des élections législatives : le candidat modéré, M. Thomson, eut 16 voix ; le candidat radical-socialiste. M. le Lieutenant-Colonel Corps, eut 33 voix. Que s'était-il donc passé ? Le Maire, M. Lieu, croyant qu'il était de son intérêt de voter pour M. Corps, avait fait campagne en sa faveur et avait entraîné tous ses partisans, tandis que le clan opposé s'était cru obligé de voter en masse pour le candidat que combattait la municipalité, malgré que ce candidat eut une étiquette politique opposée à la sienne.

Voilà un spécimen de l'opinion publique en Algérie.

Les politiciens qui spéculent sur les budgets communaux obtiennent par l'exploitation des budgets départementaux une influence beaucoup plus grande, car les passe-droits, les faveurs échappent davantage au contrôle.

Les fonds départementaux sont certainement plus gaspillés que les fonds communaux. Le chapitre où les politiciens puisent avec le plus d'entrain est le chapitre des fonds d'emprunt. L'intérêt particulier est la règle générale, l'intérêt public est rarement satisfait.

C'est ainsi que dans le département d'A'ger, 11 millions ont été employés en construction de chemins qui disparaissent faute de ressources pour les entretenir.

Aucune méthode n'est suivie, les marchandages politiques sont la seule règle.

Ceux qui se sont montrés les plus habiles dans cette exploitation deviennent des chefs de parti, on en fait des sénateurs ou des députés. Ces chefs doivent répartir entre leurs mandants les faveurs gouvernementales, et satisfaire la majorité des appétits ; faute de le faire, le corps électoral est sans pitié.

Tant que les formes légales ont été respectées, tant que la sécurité de la rue a été assurée, on a pu se faire illusion, espérer une amélioration du système, mais quand les convoitises non satisfaites ont déchaîné la révolte, quand le gouvernement a été attaqué, quand on a fait la guerre aux institutions républicaines, il a bien fallu convenir que le système était mauvais et différait sensiblement de celui de la Métropole.

La faute principale de M. Laferrière, après tant d'autres Gouverneurs généraux, a été de croire qu'une réforme électorale mettrait fin à l'agitation qui se produisait.

Et dans quel sens cette réforme a-t-elle été conçue, dans le sens le plus dangereux, dans le sens qui augmente les inconvénients de la situation.

La cause principale de l'état anarchique où se débat la colonie est la petite quantité d'électeurs qui gèrent la chose publique, ce qui permet de substituer les intérêts particuliers à l'intérêt général. M. le Gouverneur Général veut encore diminuer ce corps électoral.

Sensible au bruit de la rue, M. Laferrière a conçu de satisfaire toutes les récriminations en touchant au décret Crémieux et à la loi de 1889, *les deux seules mesures intelligentes qui aient été prises depuis la conquête.*

Le but à atteindre est d'admettre la représentation de tous les intérêts dans la gestion des affaires publiques, c'est d'arriver à supprimer l'exploitation féroce des ind gènes par le suffrage, soit-disant universel, c'est de mettre l'Algérie en état d'avoir un budget spécial ce qui serait désastreux en l'état actuel de la situat'on électorale, surtout si le principe des emprunts est admis.

Je n'entends ici flagorner personne, je dis ce que je pense sincèrement, comme me le permet l'étude approfondie que j'ai faite des besoins de la colonie. **Le budget spécial, dans les conditions électorales actuelles, nous conduirait à la ruine,** car il serait livré à l'exploitation féroce des politiciens.

Je suis partisan du budget spécial, je suis même plus, je **suis autonomiste,** mais l'autonomie doit être précédée de la constitution d'une population **algérienne** ou le devoir de l'administ ation est de faire prédominer l'**esprit français** qui tend à disparaître et comprenant tous les éléments qui composent aujourd'hui la population de l'A'gérie.

Sans s'arrêter aux criailleries des politiciens, il faut résoudre la question des indigènes, les amener progressivement à un régime plus libéral que celui qu'ils subissent, les préparer à être des citoyens, et tant qu'ils ne sont pas aptes à le devenir, il faut **administrer** l'Algérie comme une colonie qu'elle est, pour tenir la balance égale entre les différentes parties de la population et sauvegarder tous les intérêts légitimes.

En un mot, il faut supprimer les corps élus, conseils municipaux, généraux et représentation algérienne, et subs'ituer à ces différents rouages des Assemb'ées purement consultatives.

Les Gouverneurs Généraux en demandant **des pouvoirs forts** donnent une singulière puissance à mon argumentation. Quont-ils à faire de pouvoirs forts contre le suffrage universel, qui doit rester le maître souverain, exclusif, à la condition d'être **réellement universel ?**

Et la suppression de la politique est la seule façon de ramener le calme dans le pays, aucun parti ne désarmera en faveur de l'autre, la seule façon d'avoir la paix, c'est de trouver le troisième larron.

Le devoir strict du Gouverneur général est de planer au-dessus des partis, or, en l'état actuel des choses, malgré les affirmations du *Télégramme,* il est prisonnier d'un parti, et, je le prouve avec d'autant plus de tristesse que la personnalité même de M. Laferrière m'est sympathique et que j'avais beaucoup espéré de lui.

Monsieur Laferrière fut nommé gouverneur général de l'Algérie, le 28 juillet 1898, il prit possession de son poste, le 31 août, il fut soumis à l'action directe de Marchal pendant 32 jours.

Marchal savait que sa propre élection, comme celle de Drumont, était un effet de l'emballement irréfléchi de la foule, emballement savamment préparé par les jésuites et les cléricaux de toutes catégories. Il savait que le Gouvernement ne pourrait jamais marcher avec Drumont réactionnaire révolté et que l'avenir n'appartenait qu'à ceux qui pourraient disposer des faveurs gouvernementales. Son opinion sur l'antisémitisme ! il nous l'avait donnée lors de la première réunion du Comité Samary, en avril 1898, lorsqu'il était venu tenter d'expliquer sa n^me volte-face. Nous sommes en présence d'un mouvement irréfléchi, irréductible, vint-il dire, il faut le suivre ou être entraîné par lui, ceux, qui ne le voient pas, sont des inconscients.

Très naturellement Charles Marchal qui n'avait jamais cherché que le côté du manche, qui n'avait aucun sacrifice à faire, n'ayant ni convictions, ni conscience, suivit pour ne pas être obligé de résister, ce qui n'a jamais été dans ses moyens.

Dès la nomination du Gouverneur général, Marchal, le seul député algérien présent à Paris, s'installe devant la porte, fait le vide autour du nouveau fonctionnaire, impose, faute de contradicteurs, sa manière de voir.

De sa collaboration sortent:

1° Le décret sur les délégations financières dont on verra avant peu les inconvénients.

2° Le décret sur les consistoires, si peu étudié qu'il est inapplicable.

3· Celui de la nouvelle constitution du Conseil Supérieur.

4· Et enfin un décret ayant trait aux pouvoirs du Gouverneur qui sont sensiblement aagmentés, dans le sens de l'arbitraire, dont Marchal espère bien tirer profit

Profitant de l'occasion, il tente même d'asseoir définitivement son influence, en essayant de faire nommer son ami Boulogne, chef de cabinet du Gouverneur général.

Arrivé à Alger, Monsieur Laferrière est assailli, à la fois, par Rabanit, le cafard directeur de l'Agence Havas, l'auteur principal des troubles et de la mauvaise situation de la Colonie, et Laurens, directeur du *Télégramme*, auquel le nouveau Gouverneur, bien stylé par Marchal, accorde une subvention mensuelle de 2,000 francs, avec mission de créer un tiers parti antijuif ne comprenant ni Régis, ni Drumont.

L'exécution de Marchal et Laurens par Régis, l'arbitrage de Morinaud, le duel Laurens-Louis Régis, sont encore trop présents à la mémoire de tous pour qu'il soit utile d'y revenir ; passons aux fautes qui démontrent la politique antisémite du Gouverneur général :

Elles se divisent en 2 ordres de faits :

I. — Il a donné de la vitalité au parti antijuif, en accordant toutes les satisfactions qu'il demandait.

II. — Il a fait personnellement de la politique antisémite.

**

I. — Dans le premier ordre de faits, nous placerons :

1· La promesse faite à Morinaud d'appuyer la révision du décret Crémieux, sachant qu'aucune Chambre française et républicaine ne voudrait assumer la honte d'un pareil retour en arrière.

2· La promesse faite au même de la révision de la loi de 1889, sur la naturalisation des étrangers, sans s'être rendu compte des avantages et des inconvénients que cette révision pouvait produire.

Son discours à la Chambres des députés, en réponse à M. Viviani, lors de la discussion des interpallations sur l'Algérie, ne laisse aucun doute à cet égard.

3· Subissant l'influence antijuive de Marchal et de Morinaud, il a obligé le préfet Génie à demander la démission de M. Guillemin, maire d'Alger et de son Conseil municipal, créant ainsi l'état révolutionnaire où se débat Alger depuis le mois de novembre.

4· Pour assurer l'élection du candidat antijuif Baille, il a obligé M. Guillemin, fonctionnaire, à retirer sa candidature au Conseil Général.

5· Renouvelant un procédé de Cambon, il a fait intervenir les indigènes dans la politique, pour l'élection du Président du Conseil général de Constantine, en révoquant quelques jours seulement avant la session, 2 assesseurs musulmans dont la seule faute était de vouloir rester indépendants et en les remplaçant par des assesseurs décidés à voter dans l'élection présidentielle, ce qui ne s'était jamais fait.

Le résultat de cette manœuvre fut que Rouyer, candidat des antijuifs, fus élu par 14 voix françaises et 6 indigènes, contre 15 voix françaises données au Docteur Aubry. Mes articles précédents font comprendre l'intérêt qui s'attache pour un parti à être maître de l'Assemblée départementale.

6· M. le Gouverneur général a donné une force considérable au parti antijuif, ei faisant accorder quantité de faveurs à ses élus. Je rappellerai pour mémoire la décoration de Rouyer, président truqué du Conseil général de Constantine, directeur du journal subventionné le *Républicain*, propriétaire du Casino de Hammam Meskoutine et qui est décoré comme colon pour services rendus à l'agriculture. Les différentes décorations de l'instruction publique ou du mérite agricole, dont aucune ne s'est égarée à la boutonnière d'un républicain.

La façon dont on a peuplé les centres de colonisation de la province de Constantine, presqu'essentiellement avec des courtiers électoraux de Morinaud. Nous verrons dans quelques années l'état de prospérité de ces centres de colonisation politique.

7 Enfin, ce qui dans l'esprit de la population est de nature à donner à l'antisémitisme une vitalité puissante, en faisant voir que c'est de ce côté qu'il faut aller, pour satisfaire ses intérêts, c'est la façon presque scandaleuse dont sont traités les fonctionnaires qui ont résisté au courant sauvage de l'antisémitisme. Ces fonctionnaires sont sacrifiés sans pitié, déplacés, mis à la retraite ; je ne citerai que Somnier, secrétaire de la Sous-Préfecture de Bône, envoyé sans motif à Tlemcen, parce qu'il déplait à Morinaud et qui a si peu fauté, que le gouvernement est obligé, après coup, de le nommer hors classe.

Que Sembet, chef de bureau au Gouvernement général, mis à la retraite d'office et qui ne peut même pas attendre en fonctions, malgré les précédents et la loi, la liquidation de sa retraite ; son crime est de pas être antijuif. Il en est de même pour une quantité d'administrateurs, juge de paix, etc., etc., qui sont inexorablement sacrifiés, alors que les plus compromis dans le mouvement, Rossi, Desclaux, Boulogne, Besnier, Piolle, pour ne parler que des plus connus, reçoivent de l'avancement.

Sous le règne du Procureur général Fournez. la justice est entre les mains de Morinaud. M. Laferrière peut-il affirmer qu'il n'était pas opposé à son déplacement.

Dans le second ordre de faits, Monsieur le Gouverneur général Laferrière a perfectionné les procédés de persécution, il promet la bienveillance de l'administration, pendant que son personnel, Desclaux en tête, menace les juifs de représailles si tout ne marche pas selon son gré ; il émet la prétention de faire approuver par avance des mesures vexatoires ; et pour s'attirer les bonnes grâces des antijuifs, il emploie des petits procédés mesquins ; c'est ainsi qu'ayant convoqué une délégation d'israélites à une audience gubernatoriale, il la fait recevoir par son chef de cabinet, après une assez longue attente, et le lendemain Daniel Saurin ou toute autre familier de la maison raconte en riant de quelle façon le Gouverneur traite les juifs.

Ces petits faits, insignifiants en apparence, ont une importance considérable dans un pays où les passions sont surexcitées au plus haut degré.

Il y a des faits plus graves qui démontrent l'antisémitisme militant du Gouverneur général.

1° Il a contre toute justice, contre toute légalité, demandé aux israélites de renoncer volontairement à leurs droits politiques, et s'est ainsi mis dans l'obligation de subir l'humiliation d'un refus.

2 Il a commis un abus de pouvoir et un véritable chantage moral en disant aux israélites que s'ils prenaient part aux élections du Conseil général, le Gouvernement ne répondait pas de leur sécurité.

3° Les bureaux du Gouvernement général ont été, jusqu'à la nomination de M. Delannay au poste de Secrétaire général du Gouvernement, le centre d'information où les antijuifs venaient puiser leurs renseignements. Jamais on n'a rien fait pour rechercher les auteurs de ces indiscrétions. Ce manque d'énergie est fait pour encourager les fauteurs et nous ne comprenons pas qu'une administration ne soit pas plus sévère pour faire respecter le secret professionnel.

4· C'est à l'instigation du Gouverneur général et par l'intermédiaire de M. Berseville secrétaire général du Gouvernement, que les délégations financières ont émis hors session, un vœu politique demandant l'abrogation du décret Crémieux.

5· Au moment des élections municipales d'Alger, le Gouverneur général est intervenu en faveur de la liste réghystérique, en ayant l'air de seconder la liste adverse et en lui faisant commettre des fautes qui ont assuré le succès des antijuifs.

I. Il a empéché d'agir sur les inscrits maritimes naturalisés, se disant certain de leur abstention ; les inscrits maritimes au nombre de 250 ont voté comme un seul homme pour Régis et sa liste.

II. En empéchant toute propagande dans le personnel des douanes et des prisons, ces agents ont voté pour Régis.

III. En refusant, presque jusqu'à la dernière minute, de rendre aux israélites la liberté d'action qu'il leur avait ravie aux élections des Conseils généraux et en employant, pour ses négociations avec eux, l'influence occulte de Félix Jaïs.

IIII. En conseillant d'intituler **antijuive** la liste républicaine de concentration.

6· Lorsque M. Génie demanda à être relevé de ses fonctions, l'influence de Morinaud était si puissante au Gouvernement général que le candidat de M. Laferrière au poste de Préfet d'Alger, fut M. Dufoix, préfet antijuif de Constantine. M. Dupuy, président du Conseil, déjà suffisamment éclairé sur la situation, voulut un préfet républicain à Alger, il envoya M. Lutaud, dont la nomination eut lieu **contre le gré de M. Laferrière.**

7· On peut imputer à grief le discours prononcé, lors des réceptions du 1er janvier, en réponse à l'allocution du Grand Rabbin. Il n'appartenait pas au Gouverneur général de faire des critiques aux israélites au moment même où on les pourchassait dans les rues comme des bêtes sauvages. Jamais au grand jamais l'agitation ne ne serait prolongée comme cela a eu lieu, si on n'avait été sûr, dans certains milieux, de la complicité gouvernementale.

8· L'antisémitisme gouvernemental se manifeste encore dans les subventions aux journaux. Les organes antisémites comme le *Télégramme, Le Radical algérien, Le Républicain de Constantine*, sont subventionnés, au détriment des journaux républicains.

On a prétendu dans certains milieux que la seule raison du maintien du Gouverneur général était dans les attaques violentes dont il est l'objet de la part d'une certaine partie de la presse antijuive et qu'il la subventionnait pour l'attaquer.

Je ne veux pas aller jusque là, toutefois je veux raconter une anecdote dont je garantis l'authenticité :

Le jour de l'arrivée de Rochefort et de Régis, le 5 février 1899, l'inspecteur Belloc de la police des ports et des chemins de fer, ayant entendu certain propos tenus par Max Régis, en fit un rapport, Ce rapport fut remis à M. Peyherimoff, chef de cabinet du Gouverneur général.

A quelques jours de là, M. Roche-Ledieu, rédacteur à l'*Express*, fut à la Villa Ollivier trouver le chef de cabinet du Gouverneur général et lui demanda l'autorisation de mettre à la 1ᵉ page d'un guide de l'**acheteur antijuif** qu'il projetait d'éditer, la biographie et le portrait du Gouverneur général. M. Peyherimoff se récria quelque peu : — Etant donné la nature spéciale de la publication, M. le Gouverneur préférerait que son portrait ne figurât pas, eh puis il ne s'est jamais fait photographier à Alger, tous les portraits qu'on a donné de lui sont imparfaits.

— Oh ! mais, dit Roche-Ledieu, j'ai un cliché qui vient de Paris et qui est fort bien, en même temps il sortait une épreuve de sa poche et la montrait à M. Peyherimoff, en passant derrière son fauteuil.

Pendant que le chef de Cabinet examinait le cliché, M. Roche-Ledieu prenait connaissance du rapport déposé sur la table.

Quelques jours après, rencontrant M. Belloc, il le traita de mouchard, lui reprochant son rapport contre Max Régis.

M. Belloc, furieux de voir que les rapports les plus secrets étaient divulgués, se plaignit auprès de M. Peyherimoff, en lui disant dans quelles circonstances Roche-Ledieu prétendait avoir eu connaissance de son rapport. Il reçut cette réponse

— 14 —

stupéfiante : « Ah ! c'est cet animal, venu ici en solliciteur, qui me fait des tours semblables. **Eh bien, je lui avais promis huit cents francs pour l'impression de sa brochure, il ne les aura pas.** » Tout commentaire affaiblirait le simple exposé des faits.

Les erreurs de la politique suivie depuis un an par M. le Gouverneur général, doivent lui apparaître aujourd'hui dans toutes leurs conséquences.

Il est acculé à une impasse, **se démettre ou administrer la colonie comme la République.**

Malgré la haute estime en laquelle il a été tenu dès la première heure par les républicains, en raison de son passé, de son intégrité et de sa grande valeur ; malgré le crédit illimité qu'il lui ont accordé, en raison même des garanties de droiture et de moralité que sa personnalité offrait, il n'a pas répondu aux espérances fondées sur lui.

Et cependant, que demandaient donc les républicains qui ne soit réalisable ?

Respectueux avant tout de la loi et de la liberté individuelle, ils voulaient jouir tranquillement de cette liberté sous la protection des lois.

Ils ne souhaitaient nullement une revanche de tout les affronts subis, ils voulaient l'apaisement. Ils espéraient que le Gouverneur Général voudrait ignorer les compétitions politiques et accorderait une égale protection à tous les Français, *quelle que soit leur origine.*

C'était le rôle qui lui était tracé par la constitution, en tant que représentant du pouvoir exécutif.

Au lieu de cette ligne de conduite immuable, il a prêté l'oreille aux bruits de la rue, il a subi les suggestions de son entourage, d'autant plus accessible à la terreur que leur vie intime était moins exempte de critique. Il en est résulté qu'il a traité de puissance à puissance avec les révoltés, avec des malfaiteurs de droit commun et qu'il a ainsi rabaissée la haute fonction dont il était investi.

On peut concevoir, en France qu'il ait méprisé les injures des organes à chantage, véritables Poubelles, qui se nomment l'*Express,* l'*Antijuif* et son supplément. En Algérie, cela ne lui était pas permis : on ne laisse pas impunément discréditer l'autorité, dans un pays ou couve la haine de 3.000.000 d'indigènes.

C'est la France que le Gouverneur a laissé abaisser aux yeux de ses sujets musulmans, si une révolte éclatait, il en serait l'auteur responsable

On viendra dire que la loi sur la Presse lui liait les mains, que ses insulteurs devaient être déférés à la Cour d'assises et que le jury aurait acquitté ; peu importe, il devait accomplir son devoir sans faiblesse, sans s'inquiéter du résultat.

Monsieur Laferrière n'a pas conçu qu'il représentait la France, et que comme tel il devait avoir une politique droite franche, loyale. Il a évité Thomson, Etienne, Bertagna avec autant de soin qu Drumont et Régis. Il a cru suivre l'opinion moyenne et s'est jeté dans les bras de Marchal et Morinaud qui lui ont fait faire de la politique réactionnaire.

Certaines personnalités ont prétendu que je poursuivais de mon antipathie personnelle M. Laferrière ; c'est une grave erreur : j'attaque une politique qui me semble néfaste et me rallierait très franchement au Gouverneur général si je le croyais décidé à rompre carrément avec les errements passés, et surtout à faire dans son entourage des coupes sombres qui le débarasseraient de tout le personnel clérical amené par **Cambon.**

Ce personnel a trahi M. Lépine comme il a trahi M. Laferrière et en même temps il a trahi la République.

Qu'il le veuille ou non, M. Laferrière n'est que le subordonné de son prédécesseur Cambon; celui-ci a mis la machine en mouvement, les rouages étant restés les mêmes, elle continue à marcher dans le même sens, il est impuissant à y rien changer. Berseville et Angeli trop compromis ont été sacrifiés. Desclaux les a remplacés de par la volonté supérieure de notre ambassadeur à Washington. Comme il serait intéressant de savoir qui a pu désigner ce contrôleur des Douanes pour la poste de Chef suprême de la Police en Algérie. On aurait le l'explication de bien des choses,

Toutes les administrations algériennes sont gangrénées par le cléricalisme : la Justice, l'Administration, l'Armée, mais la première épuration a opérer est celle de la Police qui a subi toutes les compromissions et qui s'est montrée d'une insuffisance notoire. Le grand mal vient de là, occupé surtout à se faire valoir, ce personnel forge des histoires, donne de faux renseignements et tient suspendue au-dessus de la tête du Gouverneur la menace d'une révolution qui n'existe que dans son imagination.

M. Laferrière ou son successeur, doivent, avant toute chose placer un **professionnel** à la tête de ce service, non pas un professionnel quelconque, mais un homme énergique et froid.

D'ailleurs, le Contrôle général des services de police et de sûreté, créé par Cambon n'est pas indispensable et il serait peut-être bon de remettre, dans chaque Département, la police entre les mains du Préfet.

Quand la liberté de la rue sera ainsi assurée, quand les escarpes payés par les réactionnaires ne seront plus maîtres dn pavé, quand toutes les mesures propres à faire respecter la loi partout et par tous, auront été prises, nous nous chargerons d'exécuter les politiciens de bas étage qui se sont emparés du pouvoir par surprise, nous ramènerons l'opinion égarée.

Pour accomplir cette besogne d'épuration, il est nécessaire que l'administration ne nous tire pas dans le dos comme elle l'a fait jusqu'à présent.

Si Monsieur Laferrière se sent la force et l'énergie nécessaire pour faire régner la discipline dans son administration, nous lni prèterons sans marchander notre concours pour l'étude des problèmes qui intéressent la colonie.

S'il ne veut ou ne peut pas le faire qu'il s'en aille.

E. NICAISE.

Mustapha. — Imprimerie MACON, 60, Rue Sadi-Carnot.

140